Kapitel 1

Mitten in der weiten Landschaft von Kansas[1] lebte Dorothy[2] bei ihrem Onkel Henry, einem Bauern, und seiner Frau, der Tante Em. Das Haus, in dem sie wohnten, war nur klein. Darin standen ein rostiger Herd, ein Küchenschrank, ein Tisch, drei oder vier Stühle und die Betten. Und es gab eine Höhle, die einfach in die Erde gegraben war und die Wirbelsturm-Keller hieß.

1 Bundesstaat in den Vereinigten Staaten von Amerika (USA)
2 sprich: Doorressi

Wenn Dorothy auf der Schwelle des Hauses stand und sich umsah, hatte sie nichts als endlose graue Öde vor Augen. Tante Em war einst als hübsche junge Frau in die Steppe gekommen. Doch Sonne und Wind hatten das strahlende Leuchten in ihren Augen gelöscht, sodass sie grau blickten. Onkel Henry war ebenfalls grau, grau von seinem langen Bart hinab zu den großen Stiefeln.

Es war ein Glück für Dorothy, dass Toto da war. Toto war alles andere als grau: Er war ein lebhafter kleiner Hund mit weichem schwarzen Fell, einer komischen winzigen Nase und funkelnden Knopfaugen. Dorothy war fröhlich mit ihm und liebte ihn zärtlich.

Im Augenblick spielten die beiden allerdings nicht. Onkel Henry starrte ärgerlich in den Himmel, der noch grauer war als sonst. „Ein Wirbelsturm kommt, Em!“, schrie er. Er rannte zu dem nahe gelegenen Schuppen, in dem die Kühe und Pferde standen. Tante Em ließ ihren Abwaschlappen fallen. „Schnell, Dorothy“, rief sie, „in den Keller!“

Toto war ängstlich unter das Bett gekrochen. Dorothy bückte sich und versuchte, ihn mit zärtlichem Locken wieder hervorzuholen. Inzwischen kletterte Tante Em über die Leiter in die enge schwarze Höhle hinunter. Dorothy hatte den Hund endlich zu packen bekommen und wollte der Tante folgen, da brüllte der Sturm bereits um das Haus. Das kleine Mädchen verlor den Halt.

Und dann geschah etwas Seltsames. Das Haus schwankte und drehte sich wirbelnd zwei-, dreimal um sich selbst, dann hob es sich langsam in die Höhe. Dorothy hatte das Gefühl, als stiege sie in einem Luftballon empor. Wie eine Feder schwebend wurde die Hütte meilenweit davongeweht.

Stunde um Stunde verging. Allmählich hatte Dorothy auch die letzte Angst überwunden, aber sie fühlte sich unendlich verlassen. Schließlich krabbelte sie über den schwankenden Fußboden zu ihrem Bett und legte sich hinein. Toto folgte ihr und kuschelte sich eng neben ihr zusammen.

Fortsetzung folgt

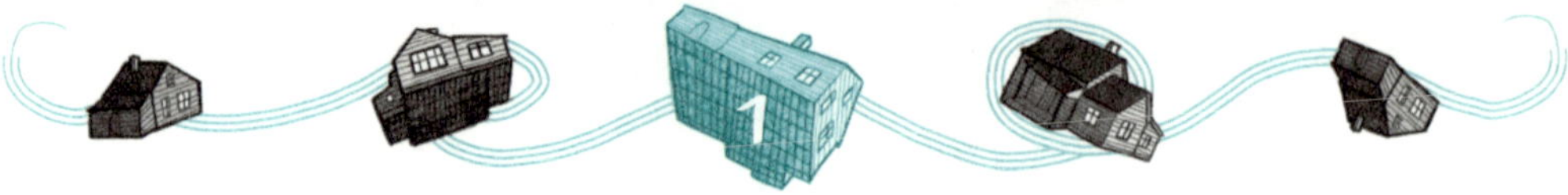

1. **Dorothy lebt bei ihrer Tante und ihrem Onkel.**
   Sie haben ein Haus
   mit einem Wirbelsturm-Keller.
   Richte das Haus ein. Male in das Bild.
   Tipp: Lies dazu auf Seite 3 nach.

2. **Vieles in Dorothys Leben ist grau.**
   Schreibe die passenden Nomen (Namenwörter)
   in die graue Fläche.
   Tipp: Lies dazu auf Seite 4 nach.

Augen der Tante / Onkel / Hund / Haus / Bart /
Himmel / Umgebung / Stiefel / Mädchen

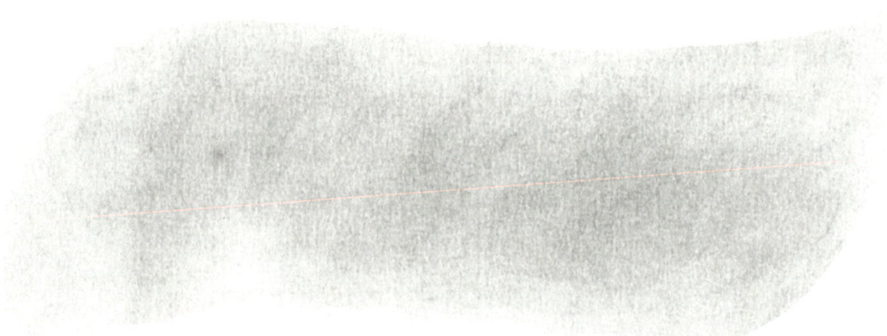

3. Etwas Seltsames geschieht mit Dorothy und ihrem Zuhause. Lies auf Seite 5 nach. Ergänze dann den Lückentext.

Das Haus ______________________ und

drehte sich ______________________ zwei-, dreimal

um sich ________________, dann ______________ es sich

langsam ________________________________.

4. Finde zusammen mit einem anderen Kind lauter Wörter, die zu dem Wort „fliegen“ passen. Lies auch im Kapitel nach und schreibe in die Windhose.

5. Was denkt Dorothy wohl, als sie im Haus durch die Luft fliegt? Schreibe es auf.

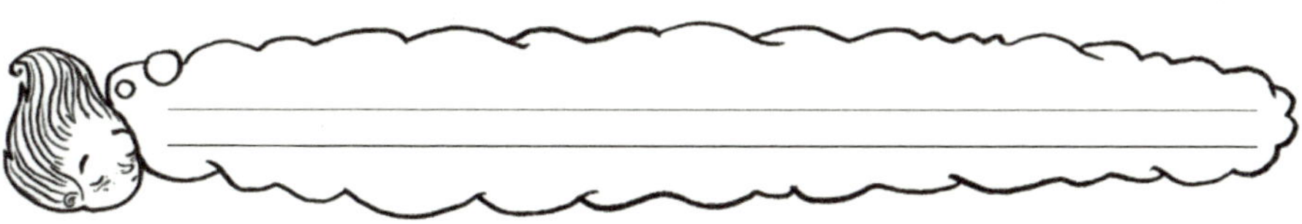

Kapitel 2

Dorothy wurde durch einen jähen Stoß geweckt und sprang mit einem Satz aus dem Bett. Sie lief zur Tür, riss sie auf und stieß einen Schrei der Überraschung aus. Der Sturm hatte sie in einem Land von zauberhafter Schönheit niedergesetzt: Frische grüne Wiesen dehnten sich ringsum, an den Bäumen hingen die herrlichsten Früchte und bunt gefiederte Vögel flogen zwitschernd umher.

Während sich Dorothy noch glücklich umsah, tauchten zwischen den Bäumen einige merkwürdige Gestalten auf. Diese sonderbaren Fremden waren kaum größer als das Mädchen, aber allem Anschein nach wesentlich älter. Die drei Männer hatten hohe, spitze blaue Hüte auf den Köpfen mit kleinen Glöckchen an den Rändern, und sie trugen blaue Anzüge.

Es war auch eine Frau dabei. Sie hatte einen weißen Hut auf und ihr weißes Gewand war über und über mit kleinen Sternen besät. Sie trat näher, grüßte freundlich und sprach: „Sei uns willkommen im Lande der Mümmler, edle Zauberin. Wir sind dir sehr verbunden, dass du die böse Ost-Hexe getötet und unser Volk aus der Knechtschaft befreit hast."

Dorothy starrte sie verblüfft an. „Sie sind sehr freundlich zu mir, aber ich glaube, es muss sich um eine Verwechslung handeln. Ich habe niemanden getötet."

„Dann hat es dein Haus getan“, antwortete die kleine Frau vergnügt. „Sieh doch nur“, fuhr sie fort und deutete auf die Ecke neben der Tür. Dorothy drehte sich um und stieß einen leisen Schrei aus. Tatsächlich, unter den dicken Holzpfählen, auf denen das Haus ruhte, ragten zwei Füße in silbernen Schuhen hervor.

„Du liebe Zeit“, flüsterte das Kind verstört. „Das Haus muss genau auf sie heruntergestürzt sein!“ „Es war die böse Ost-Hexe“, erklärte die kleine Frau. „Sie hat die Mümmler Tag und Nacht für sich arbeiten lassen. Jetzt haben sie ihre Freiheit wieder und sind dir von Herzen dankbar.“

„Sind Sie eine Mümmlerin?“, fragte Dorothy leise. „Nein, ich bin die Nord-Hexe.“ „Sie sind eine echte Hexe?“, stieß Dorothy erschrocken hervor. „Ja“, antwortete die kleine Frau lächelnd.

Plötzlich stießen die Mümmler laute Rufe aus und deuteten aufgeregt zur Hausecke neben der Tür. Die Füße, die Dorothy so erschreckt hatten, waren verschwunden, nur die Schuhe standen noch da.

„Die Ost-Hexe war schon so alt“, erklärte die kleine Frau dem erstaunten Kind, „dass die Sonne sie einfach verbrannt hat. – Aber die Silberschuhe gehören dir, zieh sie ruhig an!“

„Die Ost-Hexe war auf ihre silbernen Schuhe sehr stolz“, bemerkte einer der Mümmler. „Es muss ein Zauber daran hängen. Aber was für einer das ist, das haben wir nie herausbekommen.“

Fortsetzung folgt

1. In dem Zauberland leben seltsame Einwohner und eine weiße Frau. Lies dazu auf Seite 9 nach. Male die Kleidung der vier Figuren zu Ende und schreibe die Namen dazu.

2. Es kommen zwei Hexen im Kapitel vor. Ihre Namen geben Himmelsrichtungen an. Lies die Himmelsrichtungen auf der Windrose. Zu welcher Himmelsrichtung passt der Name der bösen Hexe? Umkreise.

3. Dorothy bekommt die Silberschuhe der Ost-Hexe.

a) Wie stellst du dir die Schuhe vor?
Zeichne sie an Dorothys Füße.

b) Welchen geheimen Zauber könnten
die Schuhe haben?
Schreibe deine Vermutungen in die Zaubersterne.

Kapitel 3

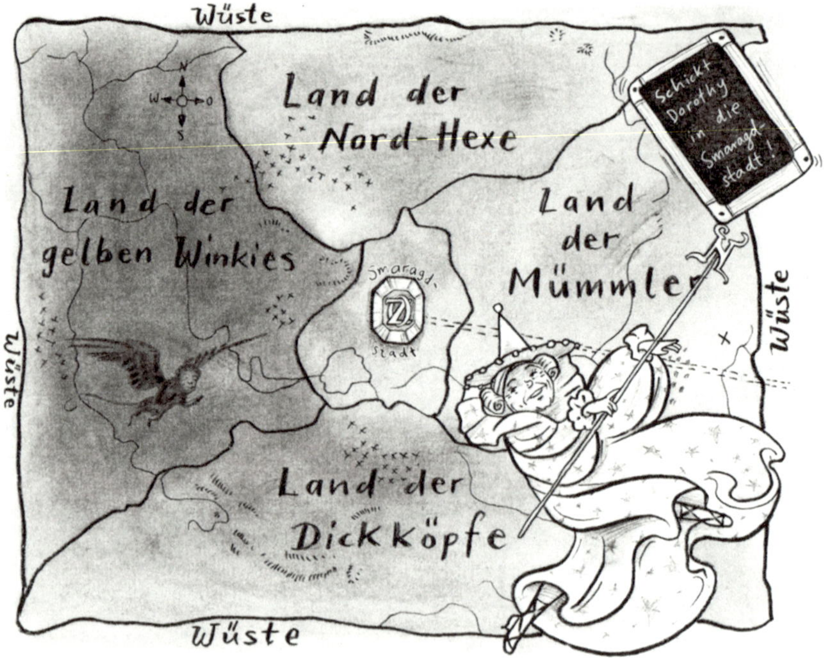

Dorothy sagte: „Ich möchte gern wieder nach Hause zu meiner Tante und meinem Onkel. Können Sie mir bitte den Heimweg zeigen?“

Die drei Männer schüttelten bekümmert die Köpfe. „Im Osten liegt eine große Wüste“, sagte der älteste Mümmler, „diese Wüste hat noch kein lebendes Wesen durchquert.“ „Im Süden ist es genauso“, sagte der Zweite. „Dort liegt das Land der Dickköpfe.“

„Ich weiß, dass es im Westen nicht anders ist“, ergänzte der Dritte. „Außerdem wird das Land dort, in dem die Flügelaffen wohnen, von der bösen West-Hexe beherrscht.“ „Und ich komme aus dem Norden“, sagte die kleine Frau, „und an der Grenze meines Reiches erstreckt sich dieselbe Wüste, die das Land Oz von allen Seiten umgibt. – Es tut mir leid, mein Herzchen, aber du musst wohl oder übel bei uns bleiben.“

Dorothy brach in Tränen aus. Die Mümmler zogen sofort Taschentücher hervor und schluchzten ebenfalls los. Die kleine Frau nahm jedoch ihren spitzen Hut ab, balancierte ihn auf der Nasenspitze und zählte ernsthaft und feierlich: „Eins – zwei – drei …“

Und schon hatte sich der Hut in eine Schiefertafel verwandelt, auf der mit Kreide geschrieben stand:

Die Zauberin fragte: „Heißt du Dorothy, mein Herz?“ „Ja“, antwortete das Mädchen. „Dann musst du in die Smaragdstadt gehen“, entschied die kleine Frau. „Wo liegt denn die Smaragdstadt?“, fragte Dorothy leise. „Sie liegt genau in der Mitte dieses Landes und sie wird von Oz regiert, dem großen Zauberer.“

„Ist er ein guter Mensch?“, fragte das Kind ängstlich. „Er ist ein guter Zauberer. Ob er ein Mensch ist, weiß ich nicht … Ich habe ihn nie gesehen.“ „Und wie komme ich zu ihm?“, fragte Dorothy.

„Nun – zu Fuß natürlich. Es ist allerdings ein weiter Weg und er führt durch ein Land, das manchmal freundlich, manchmal aber sehr finster und schrecklich ist.“ „Können Sie denn nicht mit mir gehen?“, bettelte Dorothy. „Nein, das kann ich leider nicht“, sagte die kleine Frau. „Ich werde dir jedoch einen Kuss geben.“

Und sie erklärte: „Niemand wird wagen, einem Wesen etwas zuleide zu tun, das von der Nord-Hexe geküsst wurde.“ Sie gab dem Mädchen einen zarten Kuss auf die Stirn.

Dorothy merkte später, dass dort, wo die Hexe sie mit den Lippen berührt hatte, ein runder schimmernder Fleck zurückgeblieben war.

„Der Weg zur Smaragdstadt ist mit gelben Ziegelsteinen gepflastert, du kannst ihn unmöglich verfehlen“, sagte die Hexe. Sie nickte dem Mädchen noch einmal freundlich zu, drehte sich auf dem linken Absatz dreimal um sich selber – und war nicht mehr zu sehen –, einfach im Fußumdrehen nicht mehr vorhanden.

Fortsetzung folgt

1. Was möchte Dorothy am liebsten? Kreuze an.

- ❑ Dorothy möchte die neue Ost-Hexe werden.
- ❑ Das Mädchen aus Kansas möchte wieder nach Hause.
- ❑ Dorothy möchte in dem zauberhaften Land Urlaub machen.

2. Die gute Nord-Hexe verwandelt ihren Hut in eine Schiefertafel. Was steht darauf? Schreibe es auf die Linien. Tipp: Lies auf Seite 15 nach.

3. Wen soll Dorothy in der Smaragdstadt treffen? Kreise ein.

den Hexenmeister der Mitte

den Zauberer von Oz

den Zauberer von On

4. Was erfährt Dorothy über den Zauberer und den Weg zu ihm? Streiche die falschen Aussagen durch.

Der Zauberer von Oz ist ein guter Mensch.
Er ist ein großer Zauberer.
Er wohnt in der Rubinenstadt.
Der Zauberer von Oz regiert die Smaragdstadt.
Er lebt im Norden des Landes.
Der Weg zu ihm ist weit.

5. Die Nord-Hexe gibt Dorothy zum Abschied einen Kuss. Woran kann man den Kuss später noch erkennen? Ergänze den Satz und markiere die richtige Stelle in Dorothys Gesicht.
Tipp: Lies dazu auf Seite 17 nach.

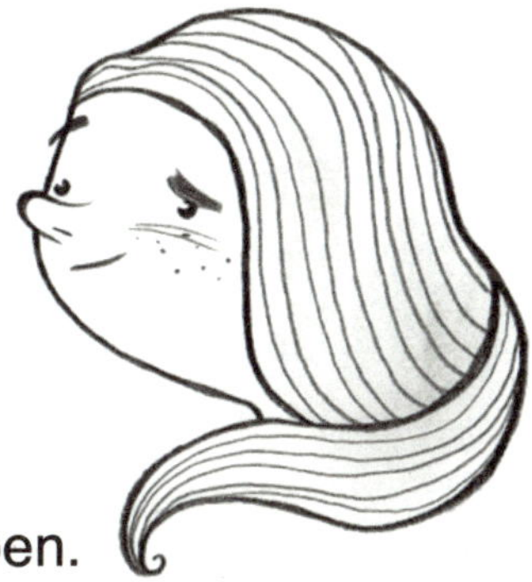

Dort, wo die Hexe Dorothy

mit den Lippen berührt hatte,

war ein ______________________________

______________________________ zurückgeblieben.

6. Was tut die Hexe, bevor sie verschwindet? Mache es in der Klasse vor. Du kannst auch einen Zauberspruch erfinden und dazu aufsagen.

Kapitel 4

Dorothy machte sich für die Reise zur Smaragdstadt fertig. Sie wusch sich und setzte zum Schutz gegen die Sonne ihren Strohhut auf. Dann nahm sie einen kleinen Korb, legte das Brot aus dem Schrank hinein und wollte aufbrechen.

Da fiel ihr Blick auf die Silberschuhe der Ost-Hexe. „Ob die komischen Schuhe mir wohl passen?“, murmelte sie. „Was meinst du, Toto?“

Die silbernen Schuhe saßen wie angegossen – ja, es war geradezu, als ob sie für das Mädchen gemacht wären.

Als Dorothy eine ganze Weile über die gelbe Ziegelsteinstraße gewandert war, setzte sie sich zum Ausruhen auf einen nahen Zaun. Vor ihr dehnte sich ein weites, wogendes Kornfeld, in dem – nur wenige Meter entfernt – eine Vogelscheuche stand. Das kleine Mädchen betrachtete sie nachdenklich.

Den Kopf bildete ein strohgefüllter Sack, auf den Nase, Mund und Augen aufgemalt waren. Darüber saß ein spitzer blauer Hut, und der Körper bestand aus einem zerschlissenen blauen Anzug, der ebenfalls mit Stroh ausgestopft war. An den Füßen steckten blaue Stulpenstiefel, und die ganze Jammergestalt schwebte an der Spitze einer langen Stange hoch über den Ähren.

Plötzlich schien eines der gemalten Augen Dorothy zuzublinzeln. Sie sprang vom Zaun und ging ein paar Schritte näher.

Toto rannte wie verrückt um die Stange herum und bellte laut. „Guten Tag“, grüßte die Vogelscheuche mit heiserer Stimme. „Ja, kannst du denn sprechen?“, staunte Dorothy. „Natürlich“, antwortete die Vogelscheuche. „Wie geht es dir?“

„Danke, gut“, lachte das Kind. „Und dir?“ „Nicht so besonders“, sagte der Strohmann. „Es ist ziemlich langweilig, an einer Stange aufgespießt zu sein und Krähen wegscheuchen zu müssen, weißt du …“ Dorothy sah ihn mitfühlend an. „Kannst du dich denn nicht befreien?“

„Nein“, sagte der Strohmann betrübt. „Die Stange sitzt fest an meinem Rücken. Meinst du vielleicht, du könntest sie herausziehen?“ „Ich will es gern versuchen“, entgegnete Dorothy. Sie streckte ihre Arme aus und hob die leichte Gestalt vorsichtig von dem Gestell herunter. „So – ist es nun besser?“, fragte Dorothy.

„Danke tausendmal“, seufzte der komische Mann. „Jetzt fühle ich mich wie neugeboren.“ Der Strohmann reckte und streckte sich, und schließlich fragte er: „Wer bist du denn? Und was tust du hier?“ „Ich heiße Dorothy“, antwortete sie, „und ich gehe in die Smaragdstadt, um den großen Oz zu bitten, dass er mich heim nach Kansas schickt.“

„Was meinst du“, fragte der Strohmann, „soll ich mit dir gehen? Vielleicht könnte dieser Oz mir ein bisschen Verstand geben. Ich habe es nicht gern, wenn die Leute mich Strohkopf schimpfen.“ „Komm nur ruhig mit“, tröstete das Mädchen ihn. „Ich werde den großen Oz bitten, dass er alles für dich tut, was er kann.“

Dorothy half ihm über den Zaun und dann gingen sie auf dem gelben Ziegelsteinweg weiter.

Fortsetzung folgt

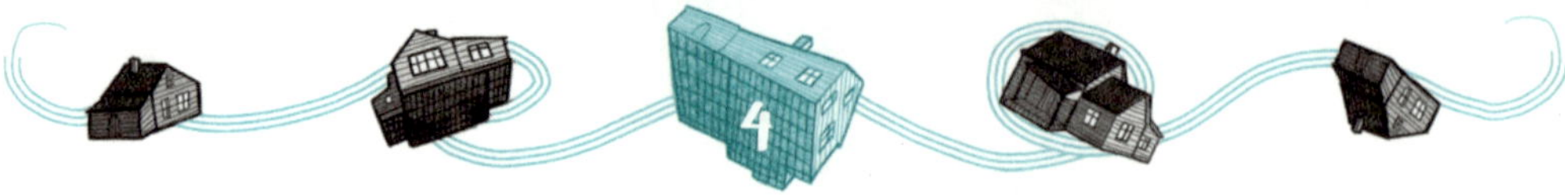

1. **Was nimmt Dorothy alles mit auf den Weg in die Smaragdstadt? Lies auf Seite 20 nach. Verbinde die richtigen Wörter mit Dorothy. Du kannst die Gegenstände auch malen.**

Strohhut

Brot

Wanderstock

Kopftuch

Stiefel

Turnschuhe

Silberschuhe

Korb

2. **Wem begegnet Dorothy? Beschreibe das Wesen auf dem Kornfeld in Stichworten.**

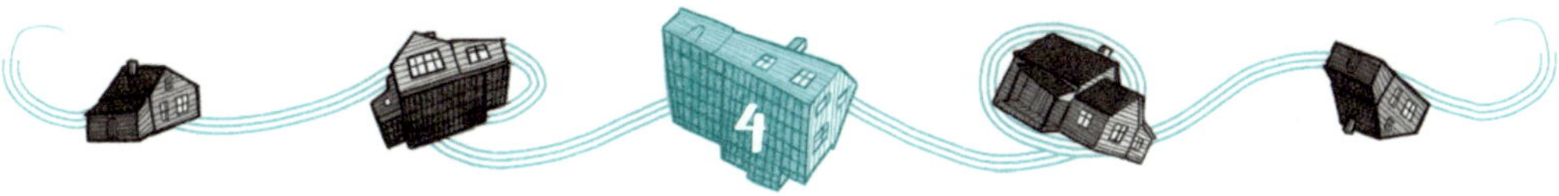

3. Es passiert etwas Ungewöhnliches: Die Vogelscheuche spricht. Wie begrüßt die Vogelscheuche das Mädchen? Und was sagt Dorothy? Schreibe es auf.

„________________________“, grüßte die Vogelscheuche.

„____“,

staunte Dorothy.

4. Wie könnte die Unterhaltung weitergehen? Denk dir zusammen mit einem anderen Kind ein Gespräch zwischen den beiden aus. Schreibe in die Sprechblasen.

5. Der Strohmann entschließt sich, Dorothy und Toto zum Zauberer zu begleiten. Warum? Erkläre es einem anderen Kind.

Kapitel 5

Gegen Abend erreichten sie einen dichten Wald. Sie kämpften sich mühsam durch Sträucher und Unterholz und erreichten endlich ein kleines Haus. Dorothy klopfte an die Tür, und als niemand antwortete, trat sie mutig ein.

In einer Ecke entdeckte sie ein Lager aus Laub. Aufatmend sank sie darauf nieder. Und mit Toto in ihren Armen fiel sie bald in tiefen Schlaf. Die Vogelscheuche, die keine Müdigkeit kannte, lehnte sich in die andere Ecke und erwartete geduldig den Morgen.

Als Dorothy aufwachte, leuchtete draußen die Sonne. Der Strohmann half ihr aufzustehen und sie wanderten quer durch den Wald, bis sie eine kleine Wasserquelle fanden. Dorothy trank in vollen Zügen, wusch sich und setzte sich dann zum Frühstück nieder. Sorgenvoll stellte sie dabei fest, dass nicht mehr sehr viel Brot in ihrem Korb lag.

Mitten in ihren Überlegungen ertönten plötzlich schmerzliche Klagelaute. „Was – war denn das?“, fragte sie mit zitternder Stimme. „Keine Ahnung“, antwortete der Strohmann. „Aber keine Angst! Komm, wir sehen nach …“

Plötzlich sah Dorothy etwas in einem Sonnenstrahl aufblitzen. Sie stieß einen Schrei der Überraschung aus. Ein dicker Baum dicht vor ihr war fast bis zur Mitte des Stammes durchgeschlagen. Und daneben stand, eine Axt in den erhobenen Händen, ein höchst sonderbarer Mann.

Der Mann schien ganz aus Blech zusammengesetzt – Kopf, Arme und Beine am Körper festgeschraubt, stand er regungslos da. Dorothy fasste sich ein Herz. „Hast du eben so gestöhnt?“, erkundigte sie sich vorsichtig. „Ja“, erwiderte die Blechgestalt, „das war ich.“

„Was kann ich denn für dich tun?“, fragte Dorothy mitleidig. „Du musst die Ölkanne nehmen und meine Scharniere ölen“, sagte der Mann. „Sie sind so verrostet, dass ich mich überhaupt nicht mehr bewegen kann.“ Dorothy fand die Kanne und sagte eifrig: „Wo sind deine Scharniere? Wo soll ich denn anfangen?“ „Am besten am Hals“, bat der Holzfäller.

Nach einer kleinen Weile konnte der Holzfäller seinen Hals wieder hin- und herwenden. Sorgfältig beträpfelte Dorothy auch die letzten Scharniere mit Öl und der Blechholzfäller bedankte sich überschwänglich für ihre Hilfe.

„Wir wollen den Zauberer von Oz besuchen“, erklärte Dorothy. „Ich will ihn bitten, dass er mir nach Kansas zurückhilft. Und mein Freund hier hofft, er könnte ihm vielleicht ein bisschen Verstand in den Kopf zaubern.“

Der blecherne Holzfäller murmelte unsicher: „Ich frage mich, ob der Zauberer mir vielleicht ein Herz geben kann, wenn ich ihn darum bitte.“ „Komm nur ruhig mit!“, rief der Strohmann.

Der blecherne Holzfäller bat Dorothy, seine Ölkanne in ihren Korb stellen zu dürfen. „Ich habe Angst, dass ich wieder einroste, wenn wir einmal in einen Regenguss kommen“, sagte er. „Dann werde ich ein paar Tropfen Öl gut gebrauchen können.“

Fortsetzung folgt

1. Dorothy erblickt im Wald einen seltsamen Mann. Wie sieht er aus? Was hat er in der Hand? Ergänze den Satz und male das Bild daneben weiter.

Die seltsame Gestalt hält

____________________ in den erhobenen Händen.

einen Ast / eine Axt

2. Aus welchem Material ist der seltsame Mann? Kreuze an.

- ❑ Eisen ❑ Blech ❑ Silber

3. Kennst du andere Dinge, die aus diesem Material sind? Frage auch deine Mitschüler und Eltern. Schreibe auf die Linien.

____

____

____

4. Der Holzfäller aus Blech kann sich nicht mehr bewegen. Wie hilft Dorothy ihm? Schreibe unter die Bilder. Die Wörter im Kasten helfen dir.

Scharniere / verrostet / betröpfeln / Öl

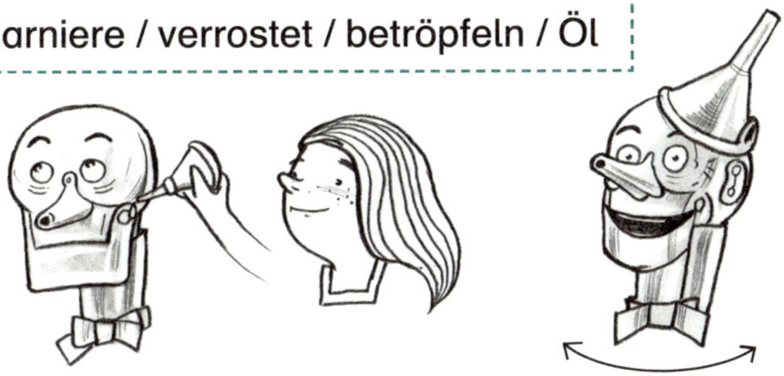

5. Was wünscht sich der Blechholzfäller vom großen Zauberer? Kreise ein.

eine Lunge — einen Magen — ein Herz

6. Wozu könnte sich der Holzfäller das Herz wünschen? Besprich dich mit einem anderen Kind. Schneidet Herzen aus Papier aus und schreibt eure Ideen darauf.

Kapitel 6

Auf einmal erscholl ein fürchterliches Gebrüll ganz in der Nähe und ein riesiger Löwe schoss zwischen den Bäumen hervor. Mit einem einzigen Schlag seiner Pranke stieß er den Vogelscheuchenmann Hals über Kopf in den Straßengraben.

Dann wollte er den Holzfäller angreifen, doch das Blech hielt seinen scharfen Krallen stand. Es gab nicht einmal eine Schramme. Doch der Holzfäller fiel hin und blieb regungslos liegen.

Toto rannte mit wütendem Bellen auf den plötzlich aufgetauchten Feind zu, und Dorothy fürchtete, dass der Löwe ihren kleinen Liebling zerfleischen würde. Sie warf sich zwischen die beiden und boxte dem Angreifer mit aller Kraft gegen die Nase. Dabei schrie sie: „So ein großes Tier – und will einen armen kleinen Hund beißen? Du bist ein ganz gemeiner Feigling!“

„Ja, ja – das ist nichts Neues“, murmelte der Löwe und rieb sich die Nase. „Aber der König der Tiere darf kein Angsthase sein!“, empörte sich die Vogelscheuche. „Ich weiß, ich weiß …“, gab der Löwe zu und wischte sich mit der Schwanzquaste eine Träne aus dem Auge.

„Vielleicht wäre ich nicht so feige, wenn ich kein Herz hätte“, überlegte der Löwe laut. „Was meint ihr?“ „Hast du ein Gehirn?“, fragte die Vogelscheuche. „Ich glaube schon. Aber ich habe nie nachgesehen“, erwiderte der Löwe.

„Mein Kopf ist nämlich nur voll Stroh“, erzählte der Vogelscheuchenmann. „Deshalb bin ich auf dem Weg zum großen Oz und will ihn um etwas Verstand bitten.“ „Und ich wünsche mir ein Herz von ihm“, setzte der Holzfäller hinzu.

„Glaubt ihr, dass er mir Mut verleihen könnte?“, fragte der Löwe. Er klopfte vor lauter Aufregung mit seinem Schwanz auf den Boden. „Wir nehmen dich gerne mit“, antwortete Dorothy, „du kannst uns die anderen wilden Tiere vom Leibe halten.“

In der Nacht mussten die fünf Reisegefährten im Wald übernachten, denn weit und breit war kein Haus zu entdecken. Der Blechholzfäller schlug mit seiner Axt einen Stapel Holz zurecht. Dorothy zündete ein Feuer an, das sie wärmte und ihr ein wenig das Gefühl der Verlassenheit nahm.

Sie verzehrte mit Toto den Rest ihres Brotes und überlegte dabei bekümmert, wie es weitergehen sollte.

Fortsetzung folgt

1. Was passiert auf dem Weg zum Zauberer von Oz? Verbinde so, dass die Aussagen stimmen.

Fürchterliches Gebrüll	schießt zwischen den Bäumen hervor.
Ein riesiger Löwe	fällt in den Straßengraben.
Der Vogelscheuchenmann	bleibt regungslos liegen.
Der Holzfäller	kommt ganz aus der Nähe.
Toto	boxt das wilde Tier.
Dorothy	rennt auf den Löwen zu.

2. Mit welchen Worten beschimpft das Mädchen den Löwen? Schreibe in die Sprechblase. Tipp: Lies dazu auf Seite 33 nach.

Du bist

3. Warum nennt Dorothy den Löwen „Feigling“? Schreibe es mit eigenen Worten auf.

Der Löwe ____

____

4. Der Löwe hat eine Träne im Auge. Welcher Satz lässt ihn fast weinen? Markiere ihn auf Seite 33 und notiere hier die Zeilennummern.

Seite 33, Zeilen ________ bis ________

5. Wie sollte ein Löwe, der König der Tiere, sein? Kreise passende Eigenschaften gelb ein.

Furcht einflößend mutig klug ängstlich überlegen kräftig schwach stark dumm besonnen gemein

6. **Jeder der Reisegefährten hat einen anderen Wunsch (außer Toto). Wer wünscht sich was? Male es. Für manche Wünsche musst du ein Symbol finden. Überlege mit anderen zusammen.**

7. **Was könnte sich Toto wünschen? Male auch ihm etwas in die Wunschblase.**

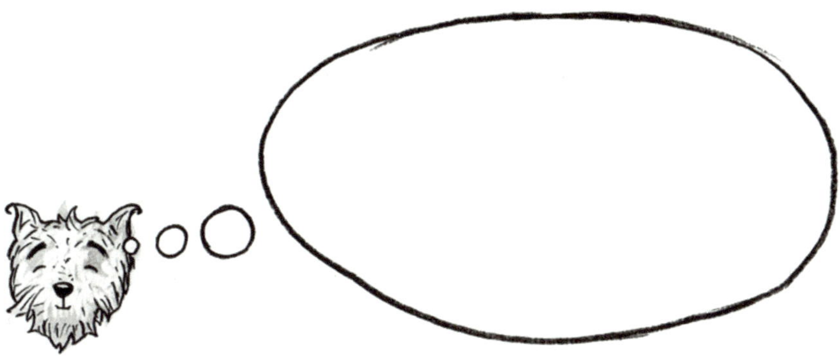

Kapitel 7

Der neue Tag brachte viele Abenteuer. Die fünf waren kaum eine Stunde unterwegs, als sie plötzlich an einen steil abfallenden Graben kamen, der die Straße unterbrach. „Du lieber Himmel“, sagte Dorothy erschrocken, „was sollen wir denn jetzt tun?“

„Hinüberfliegen können wir nicht, das steht fest“, meinte der Vogelscheuchenmann. „Ich fürchte, wir müssen bleiben, wo wir sind.“

Der Löwe hob den Kopf und musterte die Entfernung zum jenseitigen Rand. „Ich könnte vielleicht hinüberspringen“, knurrte er. „Du nimmst uns einfach auf deinem Rücken mit, einen nach dem anderen!“, rief der Strohmann.

„Ich habe grässliche Angst, dass ich selber falle“, gestand der feige Löwe. „Aber es bleibt uns gar nichts anderes übrig. – Los, steig auf!“
Der Strohmann tat wie geheißen und der Löwe schritt zum Rand des Grabens und kauerte sich nieder. Dann stieß er sich ab, flog mit einem mächtigen Satz durch die Luft und landete sicher auf der anderen Seite.

Alle waren erleichtert und lobten ihn sehr, als er zurückkam. Als Nächste holte er Dorothy, die Toto in den Arm nahm, und dann auch noch den Holzfäller.

Die gelbe Ziegelsteinstraße führte jenseits des Grabens geradeaus weiter. Sie war viel breiter als zuvor und das Land ringsherum war wunderschön. Die Zäune und Häuser waren diesmal grün gestrichen. „Das muss das Land Oz sein“, sagte Dorothy, „wir sind sicher bald in der Smaragdstadt.“

Es wurde jedoch Nachmittag, ehe sie die große Mauer erreichten, welche die Stadt umschloss. Sie war hoch und dick und grasgrün.

Das Tor war über und über mit Smaragden besetzt, die sogar die gemalten Augen der Vogelscheuche blendeten. An einem Pfeiler hing ein Glockenzug. Dorothy griff danach und von drinnen ertönte ein silbernes Klingeln.

Ein Mann von der Größe der Mümmler trat zu ihnen. Er war von Kopf bis Fuß grün gekleidet. „Was wollt ihr in der Smaragdstadt?“, fragte er mit tiefer Stimme. Dorothy knickste schüchtern.

„Wir sind hierhergekommen, um den großen Oz zu besuchen“, sagte sie höflich. „Würdest du uns bitte zu ihm führen?“

„Es ist schon viele Jahre her, seit mich jemand um so etwas gebeten hat“, sagte der Mann überrascht. „Uns ist gesagt worden, Oz sei ein guter Zauberer“, erwiderte der Vogelscheuchenmann würdig.

„Das stimmt auch“, bestätigte der grüne Mann. „Heuchlern und Neugierigen zeigt er sich jedoch in schrecklicher Gestalt, und nur wenige haben bisher gewagt, vor sein Antlitz* zu treten. – Aber ich bin der Torhüter. Ich muss euch zum Palast geleiten.“

Fortsetzung folgt

* ein anderes Wort für Gesicht, das vor allem Dichter früher gern verwendet haben

1. **Die Freunde kommen an einen Graben.
Wie gelangen sie hinüber?
Schreibe oder male in den Rahmen.**

2. **Wie würdest du das Verhalten des Löwen nennen?
Markiere die Adjektive (Wiewörter),
die dazu passen.
Fallen dir noch mehr Adjektive ein?**

feige, mutig,
leichtsinnig,
angeberisch, hilfsbereit,
verantwortungsvoll,
freundschaftlich

3. Die Freunde erfahren vom Torhüter einiges über den Zauberer von Oz. Sind die Sätze dazu richtig oder falsch? Kreuze an.

	richtig	falsch
Der Zauberer empfängt regelmäßig Besuch.	☐	☐
Der große Oz zaubert miserabel.	☐	☐
Neugierigen zeigt er sich in schrecklicher Gestalt.	☐	☐
Die Leute haben überhaupt keine Angst vor ihm.	☐	☐
Der Zauberer wohnt im Palast.	☐	☐

4. Der Zauberer hat sich seit vielen Jahren niemandem mehr gezeigt.

a) Was könnte der Grund sein? Überlegt gemeinsam.

b) Welcher Grund leuchtet dir am meisten ein? Schreibe ihn in den Zauberhut.

Kapitel 8

Den Reisegefährten wurde beinahe schwindlig von der Pracht. Die Häuser an den breiten Straßen waren aus grünem Marmor. Viele Menschen in grünen Kleidern und Hüten liefen durch die Straßen.

Sogar die Auslagen in den Geschäften waren grün. Grüne Bonbons wurden angeboten und grüner Puffmais. Mitten auf einem großen Platz handelte ein Mann mit grüner Limonade und die Kinder zahlten mit grünem Geld.

Der Torwächter führte die fünf zu einem besonders prächtigen hohen Gebäude genau in der Mitte der Stadt. Es war das Schloss des großen Oz. „Tretet ein“, sagte ein Soldat mit grünem Bart. „Ich werde Bescheid geben.“

Sie mussten ziemlich lange warten, bis der Soldat zurückkam. Er sagte: „Der große Oz lässt euch sagen, dass er euch eine Audienz gewähren will. Aber jeder von euch muss allein mit ihm reden und er wird an jedem Tag nur einen empfangen. Ich werde euch die Zimmer zeigen lassen, wo ihr euch aufhalten und ausruhen könnt.“

Am nächsten Morgen kam ein grünes Kammermädchen, um Dorothy abzuholen. Sie gingen zusammen zum Thronsaal des großen Oz. Das Kind trat in einen wunderschönen runden Raum mit gewölbter Decke. In der Mitte des Raumes stand ein mächtiger Thron aus grünem Marmor. Darauf ruhte ein gewaltiges Haupt ohne Körper, ohne Arme, ohne Beine – einfach ohne alles. Dorothy betrachtete den Riesenkopf voller Staunen und Furcht.

Die Augen von dem Riesenkopf musterten Dorothy scharf. Dann öffnete sich der Mund. Eine Stimme sprach: „Ich bin Oz, der Große und Schreckliche. Warum suchst du mich auf?“ Dorothy nahm allen Mut zusammen. „Ich möchte, dass du mich nach Kansas zurückschickst, wo meine Tante Em und mein Onkel Henry wohnen.“

„Du hast kein Recht, von mir zu erwarten, dass ich dich nach Kansas schicke, bevor du nicht als Gegenleistung etwas für mich getan hast.“ „Was verlangst du von mir?“, fragte Dorothy. „Töte die böse West-Hexe!“, befahl das gewaltige Haupt auf dem Thron. „Aber das kann ich doch nicht!“, rief Dorothy.

„Du hast die Ost-Hexe erschlagen und trägst die Silberschuhe, die Zauberschuhe sind. In diesem Land gibt es jetzt nur noch eine böse Hexe. Und wenn du mir berichten kannst, dass sie tot ist, werde ich für deine Heimkehr sorgen.“ Dorothy brach in Tränen aus. Niedergedrückt verließ sie den Thronsaal.

Fortsetzung folgt

1. **Ein Smaragd ist ein grün glänzender Edelstein. Nach solch einem Stein ist die prächtige Stadt benannt, in der der Zauberer von Oz lebt. Wie stellst du dir die Stadt und die Häuser vor? Und was gibt es dort noch zu sehen? Male in den Rahmen.**

2. **Der Zauberer von Oz bittet die Reisegefährten zur Audienz. Was ist das? Schlage das Wort im Lexikon nach und notiere die Bedeutung.**

Audienz: ______________________________

____

3. Der Zauberer ist bereit, die Gefährten zu empfangen, aber er stellt eine Bedingung.

a) Welche ist das? Schreibe auf die Linie.

b) Was könnte der Grund für die Bedingung sein? Überlege gemeinsam mit einem anderen Kind. Schreibe deine Vermutung auf die Linien.

4. Dorothy wird von einer merkwürdigen Gestalt im Thronsaal erwartet.

a) Male den Thron in der richtigen Farbe aus.

b) Beschreibe die Gestalt mit eigenen Worten.

**5. Wie beginnt der Zauberer seine Rede?
Lies auf Seite 46 nach und notiere.**

Ich bin ______________________________

____

6. Dorothy bittet den Zauberer, ihr zurück nach Kansas zu verhelfen. Er verlangt eine Gegenleistung. Was befiehlt der Zauberer? Male die richtige Sprechblase gelb aus.

Nimm mich mit nach Kansas!

Töte die gute Nord-Hexe!

Töte die böse West-Hexe!

7. Dorothy verlässt weinend den Thronsaal.

a) Was denkt sie wohl? Schreibe in die Denkblase.

**b) Was sollte sie jetzt tun?
Schreibe deinen Rat unter die Denkblase.**

____

____

____

Kapitel 9

Am nächsten Morgen kam der Soldat zu der Vogelscheuche und schnarrte: „Komm mit mir, Oz hat nach dir geschickt." Der Strohmann folgte ihm gehorsam zu dem großen Thronsaal. Aber zu seiner Überraschung erblickte er eine wunderschöne Dame auf dem grünen Thron.

Dorothys Freund war verdutzt, denn er hatte natürlich erwartet, das gewaltige Haupt zu sehen, von dem Dorothy erzählt hatte.

Der Strohmann fasste sich aber schnell. Er sagte: „Ich bin nur eine Vogelscheuche und ich habe leider kein Gehirn. Deshalb wollte ich dich bitten, mir etwas Verstand in den Kopf zu zaubern."

„Ich vergebe niemals eine Gunst ohne Gegenleistung", sagte Oz. „Wenn du die böse West-Hexe für mich tötest, werde ich dich mit so viel Verstand belohnen, dass du der weiseste Mann in meinem Land sein wirst."

„Ich denke, du hast schon Dorothy beauftragt, die Hexe zu vernichten", wandte der Strohmann ein. „Es ist mir gleich, wer es tut", antwortete Oz. „Solange die Hexe lebt, werde ich jedenfalls keine Wünsche erfüllen."

Als der Holzfäller den großen Thronsaal betrat, hatte Oz an diesem Morgen die Gestalt eines riesengroßen, struppigen Tieres mit einem Rhinozeroskopf und fünf langen Beinen angenommen.

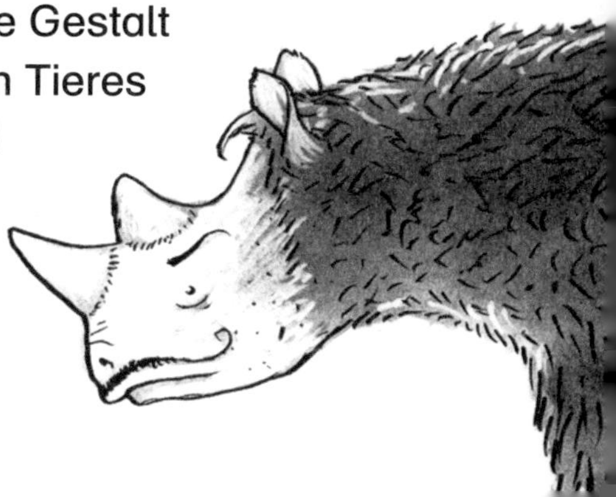

„Ich bin der Holzfäller“, sagte der Blechmann bescheiden. „Weil mein Körper aus Blech ist, habe ich kein Herz und kann niemanden lieben. Ich wollte dich bitten, mir ein Herz zu geben, damit ich wie ein Mensch bin.“

„Ich bin Oz, der Große und Schreckliche“, grollte das Ungeheuer mit Donnerstimme. „Hilf Dorothy, die böse West-Hexe zu töten!“, verlangte der Zauberer. So musste auch der Holzfäller traurig zu seinen Freunden zurückgehen und ihnen von dem Ungeheuer erzählen.

Am nächsten Morgen führte der Soldat mit dem grünen Bart den Löwen zur Audienz. Der sprang ohne Zögern durch die Tür in den runden Saal. Zu seinem Entsetzen entdeckte er eine lodernde Feuerkugel vor dem Thron.

Plötzlich erscholl eine leise, gelassene Stimme: „Ich bin Oz, der Große und Schreckliche. Wer bist du und warum suchst du mich auf?“ Der Löwe entgegnete beklommen: „Ich bin ein feiger Löwe. Ich habe dich aufgesucht, weil ich dich um Mut bitten wollte, damit ich wirklich der König der Tiere werde.“

Der Feuerball loderte einige Male hoch auf, dann befahl die Stimme: „Bring mir den Beweis, dass die böse West-Hexe tot ist. Solange die Hexe lebt, musst du ein Feigling bleiben.“ Während der Löwe verwirrt in die Flammenkugel starrte, wurde ihm so heiß, dass er sich vor Schmerz einmal um sich selber drehte und mit einem mächtigen Satz aus dem Saal rannte.

Er war froh, dass seine Freunde auf ihn warteten, und erzählte ihnen sogleich von seinem Besuch bei dem schrecklichen Oz. Dorothy erklärte entschlossen: „Also gut, dann müssen wir es eben versuchen. Aber ich will niemanden töten, nicht einmal, um Tante Em wiederzusehen!“

Fortsetzung folgt

1. Wer sitzt bei der Audienz der Vogelscheuche auf dem grünen Thron?
   Wer beim Blechholzfäller und wer beim Löwen?
   Male die Gestalten.
   Tipp: Du kannst dich mit anderen beraten.

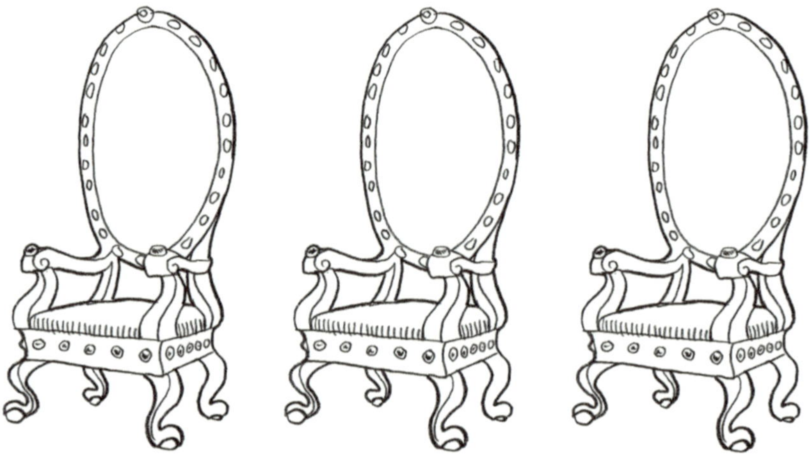

2. Warum kämpft der mächtige und große Zauberer nicht selbst gegen die West-Hexe?
   Welche Gründe vermutet ihr?
   Besprecht euch in der Klasse.

3. Der Holzfäller nennt dem großen Oz Gründe, warum er sich ein Herz wünscht. Ergänze die wörtliche Rede in der Sprechblase. Tipp: Lies dazu auf Seite 52 nach.

Ich bin der Holzfäller.

Weil mein ______________________________ ist,

habe ich kein ____________ und kann niemanden

__________________. Ich wollte dich bitten,

mir ein Herz zu geben, damit ___________

____.

4. Stell dir vor, du könntest dich in eine Wunschgestalt verwandeln. Wie möchtest du aussehen? Male.

Kapitel 10

Die Freunde beschlossen, am nächsten Morgen aufzubrechen. Alle gingen früh zu Bett. Sie wurden vom Krähen eines grünen Hahnes geweckt. Der Soldat mit dem grünen Bart führte sie durch die Straßen der Smaragdstadt zum Haus des Torhüters.

„Bitte, welcher Weg führt zur bösen West-Hexe?“, erkundigte sich Dorothy. „Wenn ihr das Land der gelben Winkies betretet, dann meldet sie sich schon von selbst und macht euch zu Sklaven“, sagte der Wächter.

Bald lag die Smaragdstadt hinter ihnen. Die Sonne brannte auf die kleine Gesellschaft nieder. Dorothy, Toto und der Löwe waren daher schon lange vor Anbruch der Dämmerung völlig erschöpft. Todmüde legten sie sich zum Schlafen nieder und der Holzfäller und die Vogelscheuche hielten neben ihnen Wache.

Die böse West-Hexe hatte zwar nur ein einziges Auge, aber das war scharf wie ein Fernrohr und sein Blick reichte überallhin. Als sie am Abend vor das Tor ihres Schlosses trat und sich umschaute, sah sie Dorothy inmitten ihrer Freunde schlafend auf dürrem Gras liegen.

Wütend nahm die böse Hexe eine goldene Kappe aus dem Schrank, setzte sie auf, stellte sich auf ihren linken Fuß und murmelte: „Ep – pe, pepe – pe, pop – pe!“

Danach wechselte sie auf den rechten Fuß über und sagte: „Hil – lo, hel – lo, hol – lo!“

Schließlich stellte sie sich auf beide Füße und rief mit starker Stimme: „Ziz – zi, zuz – zi, zick!“

Sogleich begann der Zauber zu wirken: In den Lüften erscholl ein wildes Dröhnen, Schwingen rauschten, Geschnatter und Lachen erklang – und die böse Hexe stand inmitten einer Schar von großen braunen Affen, die starke Flügel an ihren Schultern trugen.

„Fliegt zu den Fremden und vernichtet sie“, schrie die Hexe. „Nur den Löwen bringt mir lebendig her! Ich will ihn für mich arbeiten lassen!“ „Gut“, antwortete der größte Flügelaffe. „Wir werden deinen Befehl ausführen!“

Sechs Affen packten den blechernen Holzfäller und ließen den Unglücklichen über einem steinigen Gebiet zu Boden fallen. Grausam zerschlagen und verbeult blieb er in der Tiefe zwischen Steinen und Felsblöcken liegen.

Ein Dutzend anderer Affen ergriff die Vogelscheuche und zupfte ihr das Stroh aus Rumpf und Kopf. Dann schnürten sie aus Hut, Schuhen und Anzug ein Bündel und schleuderten es in die Zweige eines hohen Baumes.

Die letzten, besonders großen Tiere schlangen auf Befehl ihres Anführers Stricke um den Löwen. Dann hoben sie ihn auf, flogen mit ihm zum Schloss der Hexe und warfen ihn in einen engen Hof, der von Eisengittern umgeben war.

Dorothy hielt ihren Toto eng an sich. Da sprang der Führer der schrecklichen Affen auch schon auf sie zu. Sein langer Arm streckte sich ihr gierig entgegen und das hässliche Gesicht war von einem bösen Grinsen verzerrt. Doch plötzlich blieb der große Flügelaffe wie angewurzelt stehen.

Fortsetzung folgt

1. **Hier siehst du noch einmal eine Windrose.**

a) **Notiere die Hexennamen passend zu den Himmelsrichtungen. Notiere auch in Stichworten, ob die Hexe noch lebt und ob sie gut oder böse ist.**
Tipp: Lies dazu auf den Seiten 9 und 15 nach.

b) **Schreibe auch die Namen der Länder auf. Und wer könnte dort wohnen?**

2. In welches Land müssen die Freunde gehen, um die West-Hexe zu treffen? Ergänze.

Land ______________________________

3. Die böse West-Hexe spricht einen Zauber aus. Notiere die einzelnen Schritte in Stichworten.
Tipp: Lies dazu auf Seite 57 nach.

1. Kappe aufsetzen
2. auf den linken Fuß stellen
3. murmeln: „______________________________“
4. ______________________________
5. sagen: „______________________________“
6. ______________________________
7. rufen: „______________________________“

4. Übt den Zauber zu zweit oder zu dritt ein. Ihr braucht dazu eine Kappe oder Mütze.

5. Wer wird gefangen genommen? Male ihn in das Gitter.

Kapitel 11

Der große Flügelaffe hatte das Mal vom Abschiedskuss der guten Hexe auf der Stirn des Kindes entdeckt. Vier der größten Tiere trugen Dorothy rasch wie der Wind zum Schloss und setzten sie da sanft nieder.

Der König der Flügelaffen erklärte der bösen Hexe, die ihn zornig erwartete: „Wir haben deine Befehle ausgeführt, soweit es uns möglich war. Deine Macht über uns ist jetzt gebrochen und du wirst uns nie wiedersehen.“ Die böse Hexe starrte überrascht und verwirrt auf das Kind zu ihren Füßen.

Als die Hexe das Mal auf Dorothys Stirn erkannte, schüttelte sie sich unwillig, und beim Anblick der Silberschuhe begann sie, vor Furcht zu zittern. Dann aber bemerkte sie, dass Dorothy keine Ahnung von ihr hatte. Die böse Hexe kicherte in sich hinein: Ich kann sie immer noch zu meiner Dienerin machen. Ich werde ihr die Silberschuhe abnehmen.

Dorothys Tage waren voller Angst und Kummer. Die Zeit verging, und der brennende Wunsch der bösen Hexe, Dorothys Silberschuhe zu besitzen, war noch nicht erfüllt. Aber das Mädchen war auf die Schuhe so stolz, dass es sie nur des Nachts oder beim Waschen auszog.

Zum Glück fürchtete sich die Hexe im Dunkeln und würde niemals wagen, nachts im Schloss herumzugehen. Und ihr Abscheu vor jedem Tropfen Wasser übertraf sogar noch ihre Angst vor der Dunkelheit. Ihr fiel jedoch eine List ein.

Die böse Hexe legte eine Eisenstange auf den Küchenfußboden, die für Menschenaugen unsichtbar war. Natürlich stolperte Dorothy darüber und dabei verlor sie einen der Silberschuhe. Ehe sie nach ihm greifen konnte, hatte ihn die Hexe erwischt und angezogen. „Gib mir meinen Schuh zurück!“, rief Dorothy. „Ich denke nicht daran!“, kreischte die Hexe. „Das ist jetzt mein Schuh!“

Darüber wurde Dorothy so wütend, dass sie einen Eimer voll Wasser ergriff, der gerade neben ihr stand, und das Wasser über ihre Feindin schüttete. „Zum Teufel!“, kreischte die Hexe gellend auf. Und zu Dorothys höchstem Erstaunen begann sie zusammenzuschrumpfen und wegzuschmelzen.

Das Mädchen nahm einen zweiten Eimer Wasser, kippte ihn über die Reste der Hexe und scheuerte die ganze Küche. Dann rieb sie den Silberschuh mit einem Tuch sauber und trocken und zog ihn wieder an. Jetzt war sie frei und konnte endlich wieder tun, was sie wollte.

Fortsetzung folgt

1. **Der große Flügelaffe entdeckt den Abschiedskuss der guten Hexe auf Dorothys Stirn.
Was passiert danach?
Streiche die falschen Wörter in der Antwort durch.**

Vier Fünf der größten Affen **trugen schubsten** Dorothy zum **Schloss Stall** und **stießen setzten** sie dort **sanft heftig** nieder.

2. **Jetzt bekommt auch die böse West-Hexe Angst.
Wovor fürchtet sie sich?
Kreise die richtigen Wörter ein.**

Licht

Dunkelheit

Spinnen

Silberschuhe

Wasser

Feuer

3. Welche Dienste muss Dorothy wohl für die Hexe tun? Welche der Löwe? Male für beide den Tagesablauf weiter.

6 Uhr

12 Uhr

18 Uhr

4. Wie besiegt Dorothy die West-Hexe?
Male das richtige Bild farbig aus und schreibe passende Sätze dazu auf die Linien.

Kapitel 12

Der feige Löwe schlug begeistert mit dem Schwanz, als Dorothy das Käfigtor aufschloss. Er sprang heraus, schüttelte seine Mähne und brummte glücklich. Dann gingen sie miteinander ins Schloss. Dorothy rief die Winkies zusammen und verkündete ihnen, sie wären frei. Sofort brachen sie in gewaltiges Jubelgeschrei aus.

Dorothy und der Löwe beschlossen, die gelben Winkies zu bitten, ihnen bei der Rettung ihrer Freunde zu helfen.

Dann verbrachten sie alle zusammen ein paar unbeschwerte Tage in dem gelben Schloss, bis der Gedanke an Tante Em und Onkel Henry Dorothy aufs Neue überfiel. Sie sagte: „Wir müssen zu Oz zurück und ihn an sein Versprechen erinnern.“ Die anderen stimmten zu, und damit war die Rückkehr zur Smaragdstadt beschlossen.

Als Dorothy im Morgengrauen ihren Korb mit Proviant aus dem Vorratsschrank der Hexe gefüllt hatte, war ihr die goldene Kappe in die Hände gefallen. Sie hatte sie sich neugierig auf den Kopf gesetzt. Die Kappe saß wie angegossen. Jetzt wanderte Dorothy vergnügt an der Spitze ihrer Freunde und hatte keine Ahnung von der Zauberkraft der Kappe.

In der Smaragdstadt angekommen, betraten die Freunde den großen Thronsaal. Doch alle waren nicht wenig erstaunt, als sie niemanden entdecken konnten. Plötzlich hörten sie eine Stimme, die aus der Kuppel zu kommen schien und feierlich sprach: „Ich bin Oz, der Große und Schreckliche. Was wollt ihr von mir?“

Dorothy sagte: „Wir sind gekommen, dich an deine Versprechen zu erinnern, großer Oz.“ „Ist die böse Hexe denn wirklich tot?“, fragte die Stimme. „Ja“, sagte Dorothy kurz angebunden. „Sie ist zerschmolzen.“

Der Löwe dachte, es könnte nichts schaden, wenn er den Zauberer ein bisschen erschreckte, und stieß ein lautes Brüllen aus. Toto sprang erschrocken zur Seite und gegen einen Wandschirm nahe dem Fenster. Alle schauten besorgt hin, als das Gestell umstürzte, – und es verschlug ihnen vor Staunen die Sprache.

Denn da stand ein kleiner alter Mann mit einer Glatze und er erschien ebenso erschrocken zu sein wie die fünf Reisekameraden. Der Holzfäller schwang seine Axt und schrie: „Wer bist du?“ „Ich bin Oz, der Große und Schreckliche“, antwortete das Männchen mit zitternder Stimme. Die Freunde starrten ihn sprachlos vor Überraschung und Bestürzung an.

Fortsetzung folgt

1. Dorothy und ihre Freunde fühlen sich im Land der gelben Winkies wohl. Warum wollen sie dann doch zurück in die Smaragdstadt? Schreibe den Grund auf die Linien.

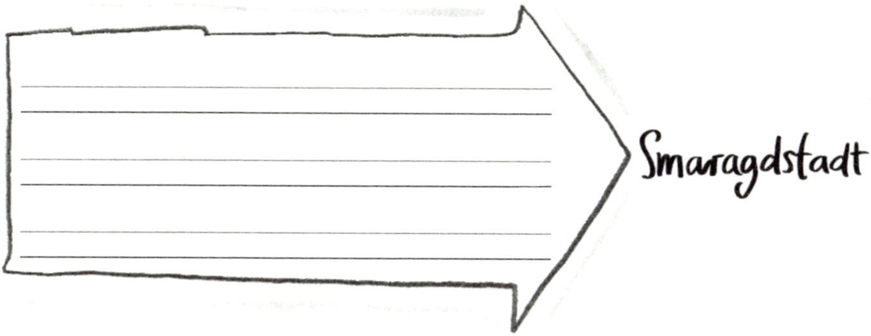

2. Dorothy sehnt sich nach Hause zurück. Kennst du das Gefühl?

a) Wie nennt man es? Berate dich mit anderen.

b) Hattest du dieses Gefühl schon einmal? Wenn du magst, kannst du die Situation in den Rahmen malen oder schreiben.

3. Dorothy nimmt Proviant, also etwas zu essen und zu trinken, mit auf den Weg. Was nimmt sie aus dem Land der Winkies noch mit? Zeichne es.

4. Die Kappe macht ihren Besitzer zum Herrscher. Aber über wen? Wer führte die Befehle der West-Hexe aus? Löse das Bilderrätsel und schreibe die Lösung in die Kästchen.

die ☐☐☐☐☐☐☐☐☐☐ n

5. **Die Freunde erreichen die Smaragdstadt und gehen sofort zum Thronsaal.
Hier geschieht etwas Unerwartetes.
Was passiert der Reihe nach?
Nummeriere die Sätze in der richtigen Reihenfolge.**

- [ ] Toto springt erschrocken zur Seite.
- [ ] Der Wandschirm stürzt um.
- [ ] Der Löwe brüllt laut.
- [ ] Der kleine Hund stößt gegen den Wandschirm.
- [ ] Ein kleiner alter Mann mit Glatze wird sichtbar.
- [1] Dorothy erinnert Oz an dessen Versprechen.

6. **Oz ist anders, als sich ihn die Leute vorstellen.
Male auf ein extra Blatt.**

a) **Male auf eine Seite „Oz, den Großen und Schrecklichen“, wie ihn sich die Menschen vorstellen.**

b) **Male daneben den Zauberer,
wie er wirklich aussieht und
wie er hinter dem Wandschirm erscheint.**

Kapitel 13

Der kleine Mann flüsterte: „Ich habe nur immer so getan, als ob ich zaubern könnte.“

„Aber wie war das mit der Stimme?“, wollte Dorothy wissen.

„Ich bin Bauchredner“, sagte das Männchen.

„Du solltest dich schämen, so gemein zu schwindeln!“, grollte die Vogelscheuche empört.

„Ich schäme mich ja auch …“, antwortete Oz.

„Setzt euch, damit ich euch meine Geschichte erzählen kann. – Ich bin in Omaha geboren …“ „Oh, das ist ja ganz in der Nähe von Kansas!“, rief Dorothy aufgeregt. „Ja“, bestätigte Oz, „aber es ist sehr weit von hier, leider.“

Er nickte dem kleinen Mädchen traurig zu und fuhr fort: „Später wurde ich Ballonfahrer. Eines Tages waren die Seile in Unordnung geraten und ich konnte nicht wieder hinunter. Ich gondelte einen ganzen Tag und eine Nacht lang durch die Luft. Als ich am zweiten Morgen erwachte, schwebte ich über einem unbekannten, sehr schönen Land.“

Der kleine Mann erzählte weiter. „Schließlich senkte sich der Ballon zu Boden und ich landete inmitten einer Schar von sonderbaren Leuten, die mich für einen mächtigen Zauberer hielten, weil ich vom Himmel zu ihnen herabgekommen war.“ Oz seufzte leise. „Das war ja alles ganz schön und gut“, sagte er, „aber mit der Zeit langweilte ich mich fürchterlich.

Ich kam auf die Idee, diese Stadt und mein Schloss bauen zu lassen. Und weil das ganze Land so grün und schön war, taufte ich die Stadt Smaragdstadt."

„Jetzt zu mir", verlangte Dorothy. „Wie kann ich zurück nach Kansas kommen?"

„Darüber muss ich noch ein bisschen nachdenken", murmelte der kleine Mann demütig. „So lange seid ihr meine Gäste. Nur eins: Als Dank für meine Hilfe müsst ihr mir versprechen, niemandem zu verraten, dass ich ein Schwindler bin."

Fortsetzung folgt

1. Was sagt der Mann, der sich Oz, der Große und Schreckliche, nennt? Ergänze die wörtliche Rede.

Ich habe ______________________________________

____

____________ . Ich bin ________________________ .

2. Was hat der große Oz vorgetäuscht? Diskutiert in kleinen Gruppen. Die Fragen helfen euch:

- **Was hat sich der Mann alles ausgedacht, um wie ein Zauberer zu wirken?**
- **Warum haben ihm die anderen geglaubt?**
- **Kennt ihr Situationen, in denen andere oder ihr selbst so getan habt, als ob …?**
- **Wie findet ihr solch ein Verhalten?**
- **Was spricht dagegen?**

3. Schreibe auf, welches Versprechen die Freunde Oz geben sollen. Und sollen sie es geben? Was meinst du? Kreise die passende Hand ein.

____ 

____ 

Kapitel 14

Am nächsten Morgen trat die Vogelscheuche in den Thronsaal. Sie sah den kleinen Mann am anderen Ende des Saals sitzen. „Ich komme wegen meines Gehirns“, brachte die Vogelscheuche vor. „Ich sollte heute Morgen nachfragen.“

„Setz dich bitte auf den Stuhl hier“, erwiderte Oz. „Ich muss dir nämlich den Kopf abnehmen, weißt du.“ „In Ordnung“, stimmte die Vogelscheuche zu.

Der Zauberer trennte also den Kopf ab und zog alles Stroh heraus. Er wog eine Portion Kleie ab, mischte sie mit Stecknadeln und kurzen Nägeln, schüttelte alles sorgfältig durcheinander und tat es in den oberen Teil des Sackes. Dann stopfte er den restlichen Platz fest mit Stroh aus.

Als er den Kopf wieder am Rumpf seines Patienten festgenäht hatte, sagte Oz: „Jetzt wirst du ein berühmter Mann werden! Ich habe dir einen nadelscharfen Verstand gegeben.“ Der Vogelscheuchenmann war stolz und selig. Er bedankte sich bei Oz und rannte eilig zu seinen Freunden zurück.

„Warum gucken diese komischen Spitzen aus dem Kopf?“, fragte der blecherne Holzfäller. „Wahrscheinlich zeigt das, wie scharfsinnig er jetzt ist“, brummte der Löwe bewundernd. „Donnerwetter, ja!“, sagte der Holzfäller. „Ich muss sofort zu Oz und mir mein Herz holen.“ Mit großen Schritten lief er eilig zum Thronsaal.

Oz nahm eine Blechschere und schnitt ein kleines Loch in die linke Brusttasche des Holzfällers. Dann holte er ein prächtiges Herz aus einer Kommode. Es war aus rosa Seide gesteppt und mit Sägemehl gefüllt.

Er hängte das Seidenherz in die Brust des Holzfällers und lötete das herausgeschnittene Stück Blech säuberlich wieder auf. Glücklich lief der Holzfäller zu seinen Kameraden und ließ sich alles Gute für sein weiteres Leben wünschen.

Dann trabte der Löwe zum Thronsaal. Er verkündete aufgeregt: „Ich bin wegen meines Mutes da!“ „Gut, gut“, antwortete der kleine Mann. Er holte eine eckige grüne Flasche und goss ihren Inhalt in eine schöne, geschliffene grüngoldene Schale. Der feige Löwe beschnupperte sie mit krauser Nase. „Was ist das denn?“, fragte er misstrauisch.

„Wenn du es hinuntergeschluckt hast, wird es Mut sein“, erklärte Oz. „Du weißt ja wohl, dass man den Mut tief innen in sich trägt.“ Der Löwe schüttelte seine Mähne und trank und trank, bis die Schale leer war.

„Wie fühlst du dich nun?“, fragte der kleine Mann. „Ich platze gerade vor Mut!“, knurrte der Löwe zufrieden und rannte selig zu seinen Gefährten zurück.

Fortsetzung folgt

1. **Der Zauberer weiß noch nicht, wie er Dorothy helfen soll. Aber er gibt den Gefährten das Gewünschte.**

a) **Male für jeden Freund, was Oz ihm gibt.**

b) **Schreibe auf die Linie, was er sich gewünscht hat.**

2. **Was hat sich durch die Gaben des Zauberers bei der Vogelscheuche, bei dem Blechmann und dem Löwen verändert?**
Unterhaltet euch in der Klasse darüber.

3. **Was würdest du dir von einem richtigen Zauberer wünschen?**
Schreibe es auf ein extra Blatt.
Falte einen Flieger aus dem Blatt und lass deinen Wunsch an einen geheimen Ort weit weg fliegen.

Du brauchst:

- 1 farbiges Papier
- 1 Stift

So faltest du den Flieger:

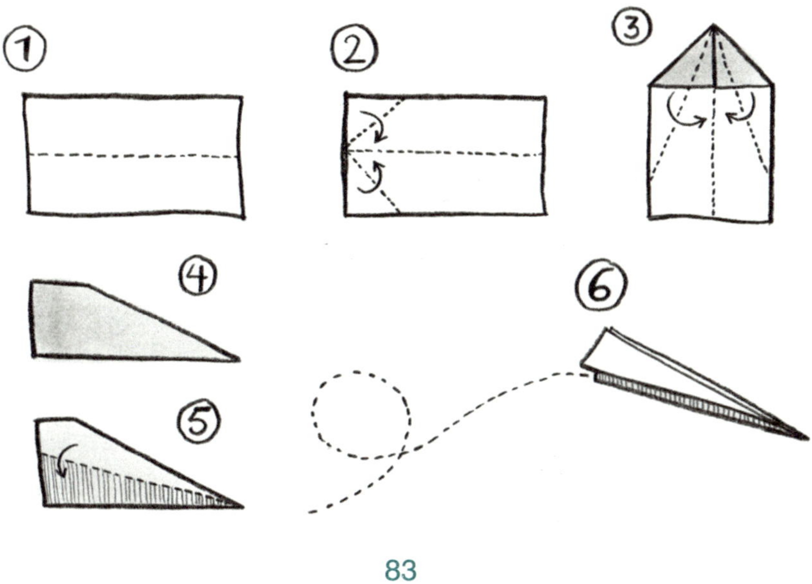

Kapitel 15

Drei Tage hörte Dorothy nichts von Oz. Am vierten Tag schickte der Zauberer nach ihr. Er sagte freundlich: „Ich bin damals mit einem Ballon in dieses Land gekommen. Und ich glaube, dass ich einen Ballon bauen kann.“

Oz hatte befohlen, den grünen Ballon vor das Schloss zu tragen, und die Leute drängten heran und begafften ihn neugierig von allen Seiten.

Der Zauberer bestieg die Gondel und sprach zu seinem versammelten Volk: „Während meiner Abwesenheit wird euch die Vogelscheuche in meinem Namen regieren. Ich befehle euch, ihr ebenso zu gehorchen wie mir!“

Der grüne Ballon zerrte mit Macht an dem Seil, das ihn am Boden hielt. „Komm, Dorothy!“, rief der Zauberer. „Beeil dich, sonst muss ich allein fliegen.“ Dorothy schüttelte verzweifelt den Kopf. „Toto ist verschwunden!“, jammerte sie. Der kleine schwarze Hund hatte eine Katze entdeckt und war ihr nachgelaufen. Nun steckte er mitten in der Menge und bellte wütend.

Dorothy kämpfte sich zu ihm durch, nahm Toto und rannte zu dem Ballon zurück. Sie war nur noch wenige Schritte entfernt. Oz beugte sich bereits aus dem Korb und streckte die Hände aus, um ihr beim Einsteigen zu helfen. Da machte es „kracks“. Das Seil riss, der Ballon schwankte und stieg ohne das Mädchen in die Wolken hinauf.

„Komm zurück!“, schrie Dorothy verzweifelt. „Ich will doch mit!“ „Ich kann nicht umkehren, mein armes Kind!“, rief Oz von oben und winkte traurig. „Leb wohl!“

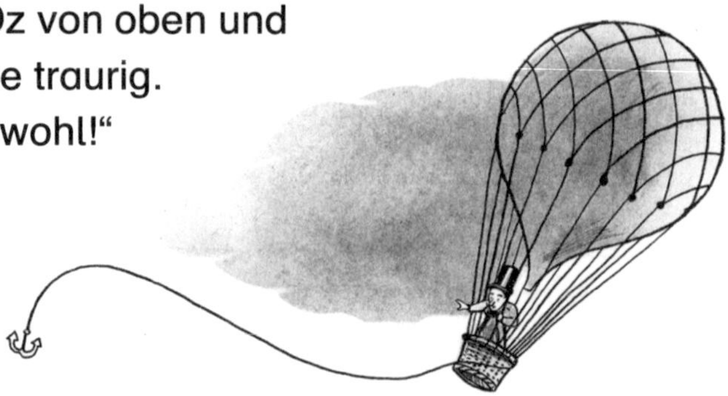

„Leb wohl!“, riefen alle, schwenkten Hüte und Mützen und starrten in den Himmel hinauf, wo ihr Herr und Meister dahinschwebte, kleiner und kleiner wurde und schließlich als grünes Pünktchen im Sonnenlicht verging. Das war das Letzte, was von Oz, dem mächtigen Zauberer, zu sehen war. Vielleicht hat er Omaha gut und sicher erreicht und lebt noch heute da, aber das weiß niemand.

Dorothy war völlig verzweifelt. „Eine dumme Geschichte, wahrhaftig“, murmelte der weichherzige Holzfäller. Der Strohmann fing an nachzudenken. „Wir wollen den Soldaten mit dem grünen Bart um Rat fragen“, sagte er schließlich.

Der Soldat betrat ängstlich den Thronsaal, denn zu Zeiten von Oz hatte er immer nur bis zur Tür kommen dürfen. „Dieses kleine Mädchen“, begann die Vogelscheuche, „wünscht die Wüste zu durchqueren. Wie muss sie das anstellen?“

„Es hat noch nie jemand die Wüste durchquert – außer Oz“, erwiderte der Soldat. „Weißt du nicht, wer mir helfen könnte?“, fragte Dorothy. „Glinda vielleicht …“

„Wer ist Glinda?“, wollte die Vogelscheuche wissen. „Die Süd-Hexe. Sie ist die mächtigste Hexe von allen und herrscht über die Pummel. Ihr Schloss steht am Rande der Wüste. Vielleicht kennt sie einen Weg.“

Fortsetzung folgt

1. **Mit welchem Flugobjekt will Oz Dorothy und sich selbst über die Wüste bringen? Verbinde die Zahlen, dann siehst du es.**

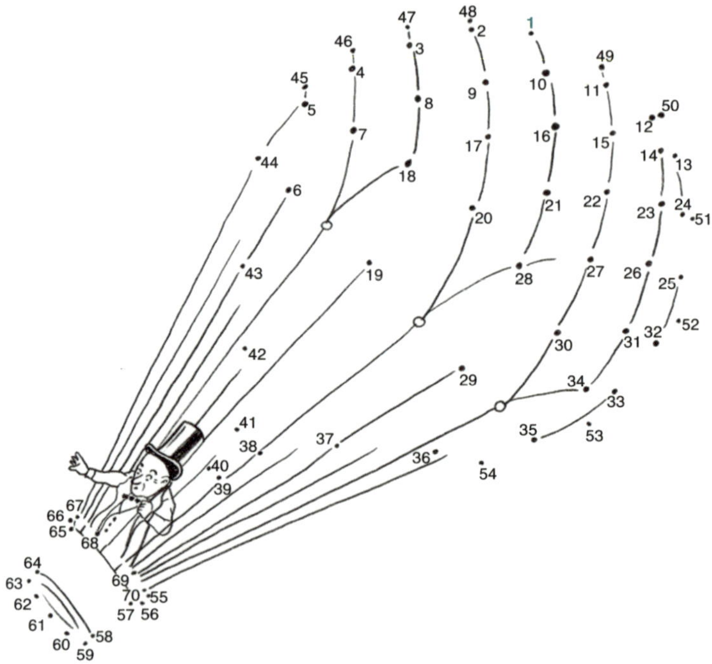

2. **Warum steigt der Ballon ohne Dorothy in die Luft? Kreuze die richtigen Antworten an.**

- ❑ Dorothy verschläft die Abreise.
- ❑ Dorothy fängt Toto ein und schafft es nicht mehr rechtzeitig zurück zum Ballon.
- ❑ Das Mädchen kann sich nicht von den Freunden trennen und will im Lande Oz bleiben.
- ❑ Das Ballonseil reiβt und der Ballon startet ohne Dorothy.

3. Wie geht die Geschichte des berühmten Zauberers Oz wohl weiter? Erfinde mit einem anderen Kind zusammen eine Bildergeschichte: Male eure Geschichte und schreibe unter jedes Bild einen Satz.

Oz fliegt mit dem Ballon über eine Wüste.

Kapitel 16

Am nächsten Morgen schritten sie durch das Tor der Stadtmauer und wandten sich südwärts. Zuversichtlich wanderten sie durch das Porzellanland und durchquerten einen dichten Wald. Sie überquerten fünf Brücken, bis sie ein wunderschönes Schloss vor sich liegen sahen.

Glinda, die Süd-Hexe, erwartete sie schon. Sie war jung und wunderschön und trug ein weißes Kleid. Ihre Haare von leuchtend roter Farbe fielen in weichen Locken über ihre Schultern. Ihre blauen Augen richteten sich freundlich auf das kleine Mädchen. Dorothy erzählte ihr die ganze Geschichte.

„Natürlich kann ich dir sagen, wie du nach Kansas zurückkommst“, versprach Glinda. „Doch zuerst musst du mir die goldene Kappe geben.“

Dorothy reichte ihr die Kappe und Glinda wandte sich zu dem Vogelscheuchenmann: „Ich werde den Flügelaffen befehlen, dich vor das Tor der Smaragdstadt zu tragen. Ich finde, es wäre ein Jammer, das Volk eines so guten Herrschers zu berauben!“

Dann wandte sie sich an den blechernen Holzfäller: „Mein zweiter Befehl an die Flügelaffen wird lauten: Bringt den Holzfäller heil ins Land der Winkies. Nach dem Tod der bösen Hexe wirst du ihr König sein.“

Dann schaute Glinda den großen zottigen Löwen an und sagte: „Jenseits der Hügel liegt ein prachtvoller alter Wald. Die Tiere dort werden dich zu ihrem König ernennen. Mein dritter Befehl an die Flügelaffen wird also sein, dass du dorthin getragen wirst. Danach gebe ich dem König die goldene Kappe zurück, damit er künftig mit seinem Volk in Freiheit leben kann."

Dorothy rief aus: „Du bist ebenso gut, wie du schön bist!" „Deine Silberschuhe werden dich über die Wüste tragen", erklärte Glinda lächelnd. „Die Silberschuhe haben verschiedene Zauberkräfte, aber das Wichtigste für dich ist, dass sie ihren Träger mit drei Schritten zu jedem gewünschten Fleck der Erde befördern. Du brauchst nur die Absätze aneinander zu schlagen und zu sagen, wohin du willst."

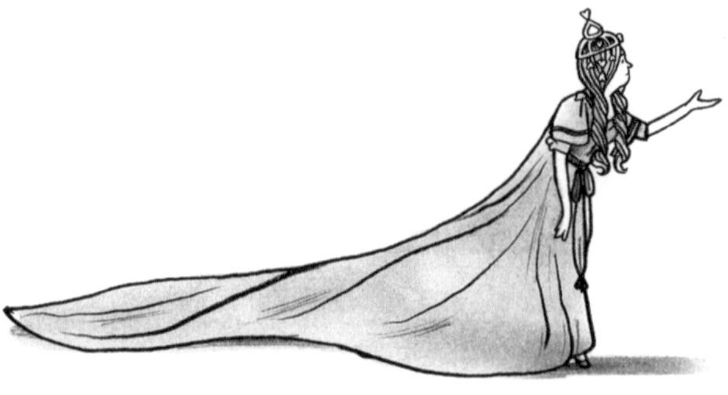

Dorothy zauste dem Löwen zärtlich die Mähne. Dann küsste sie den Holzfäller und wiegte die Vogelscheuche liebevoll in den Armen. Entschlossen hob sie Toto auf die Arme, schlug die Hacken der Silberschuhe dreimal aneinander und rief: „Bringt mich heim zu Tante Em!“

Im Nu fühlte sie sich wirbelnd durch die Luft gerissen. Sie sah nichts und hörte nur den Wind um ihre Ohren pfeifen. Die Silberschuhe taten drei Schritte, dann stoppten sie jäh. Dorothy schaute um sich. „Lieber Himmel!“, rief sie glücklich.

Denn vor ihr lag das neue Haus, das Onkel Henry gebaut hatte. Tante Em wollte gerade in den Garten gehen, als Dorothy auf sie zugerannt kam. „Mein liebstes Herz!“, rief Tante Em und fing das Kind in den Armen auf. „Wo um alles in der Welt kommst du denn her?“

„Aus dem Lande Oz“, antwortete Dorothy ernsthaft, „und Toto ist auch wieder da. Ach, Tante Em, ich bin so froh, dass ich zu Hause bin!“

Ende

1. Das Land Oz ist vielleicht noch viel größer. Erfindet weitere Gebiete und seltsame Einwohner. Bastelt ein Plakat und hängt es in der Klasse auf.

Ihr braucht:

- 1 großes weißes Tapetenstück
- farbige Stifte

So geht ihr vor:

1. Zeichnet eine Windrose in die Mitte der Tapete.
2. Schreibt die bekannten Ländernamen dazu.
3. Erfindet neue Länder und schreibt auch sie dazu.
4. Denkt euch Bewohner für die Fantasieländer aus. Malt sie daneben.

2. Beschreibe den Weg der Freunde zur Süd-Hexe.

Sie gehen

durch das  ______________________________,

durch dichten  ______________________________

und über fünf  ______________________________.

3. Auf Seite 91 steht, wie die Süd-Hexe aussieht. Erstellt ihren Steckbrief. Malt sie und notiert zu diesen Begriffen Stichworte: Name: … / Alter: … / Allgemeines Aussehen: … / Augenfarbe: … / Haarfarbe und Frisur: …

4. Glinda findet für jeden Gefährten einen Ort und eine Aufgabe. Verbinde.

Löwe	Herrscher der Smaragdstadt
Holzfäller	König der Tiere des Waldes
Vogelscheuche	König der Winkies

5. Wer oder was wird Dorothy über die Wüste bringen? Notiere auf der Linie.

____

____

6. Was sagen Dorothy und Tante Em zur Begrüßung? Und was wird Onkel Henry wohl sagen? Lest auf Seite 93 nach und spielt es vor.

7. Wer hat „Der Zauberer von Oz“ geschrieben?

Vor über 100 Jahren wurden die Geschichten vom Zauberer Oz veröffentlicht. Der Autor heißt **Lyman Frank Baum**. Sein Buch machte ihn weltberühmt. Es gibt auch einen schönen, alten Musicalfilm mit Dorothy und ihren Freunden.

Originalausgabe:
L. Frank Baum: „Der Zauberer von Oz“
Aus dem Amerikanischen von Sybil Gräfin Schönfeldt

Die Originalausgabe erschien erstmals 1900 unter dem Titel
„The Wonderful Wizard of Oz“

Foto S. 95: Cornelsen Verlagsarchiv

Redaktion: lüra – Klemt & Mues GbR
Projektleitung: Susanne Dahlbüdding
Technische Umsetzung: Manuela Mantey-Frempong

www.cornelsen.de

1. Auflage, 2. Druck 2014

Alle Drucke dieser Auflage sind inhaltlich unverändert
und können im Unterricht nebeneinander verwendet werden.

Druck: freiburger graphische betriebe

ISBN 978-3-464-80083-6

Inhalt gedruckt auf säurefreiem Papier aus nachhaltiger Forstwirtschaft.